GUÍA PRÁCTICA PARA COMPRAR Y COMER POR MENOS DINERO

Sylvain MILON

SYLVAIN MILON

CONTENIDO

INTRODUCCIÓN

Bienvenido a "Guía práctica para comprar y comer por menos dinero". En la sociedad actual, en la que el coste de la vida es cada vez mayor, controlar los gastos de alimentación se ha convertido en un problema importante para muchas personas. Este libro ha sido diseñado para ofrecerle consejos prácticos, sugerencias y estrategias eficaces para ahorrar dinero sin dejar de seguir una dieta sana y equilibrada.

A lo largo de los capítulos, descubrirá cómo optimizar su presupuesto alimentario sin sacrificar la calidad de sus comidas. Trataremos temas como la planificación de la compra, la búsqueda de gangas, la compra a granel, la cocina económica y mucho más. También aprenderá a reducir el desperdicio de alimentos, a cultivar sus propios alimentos y a aprovechar los mercados locales.

Cada capítulo de este libro le proporcionará información detallada, consejos prácticos y ejemplos de la vida real que le ayudarán a poner en práctica los principios del ahorro alimentario. Ya seas un estudiante con un presupuesto ajustado, una familia numerosa o simplemente alguien que quiere recortar gastos, esta guía te ayudará en el camino.

Prepárate para explorar las distintas facetas del consumo responsable de alimentos y descubrir cómo puedes ahorrar dinero sin renunciar a disfrutar de la comida. Síguenos en este viaje para aprender a comprar y comer por menos, protegiendo al mismo tiempo tu salud, tu cartera y el medio ambiente.

CAPÍTULO 1: FUNDAMENTOS DEL AHORRO ALIMENTARIO

Ahorrar para la comida puede parecer un concepto complejo, pero si comprende los conceptos básicos, podrá controlar sus gastos y conseguir un ahorro significativo en su presupuesto para alimentación. En este primer capítulo, exploraremos los principios básicos del ahorro alimentario y te daremos algunos consejos prácticos sobre cómo empezar a ahorrar hoy mismo.

1.1 Conozca sus necesidades dietéticas

El primer paso para ahorrar dinero en la compra de alimentos es conocer tus necesidades reales en materia de nutrición. Seguir una dieta equilibrada es esencial, pero no tiene por qué significar gastar una fortuna. Familiarícese con los grupos de alimentos esenciales, como las proteínas, los hidratos de carbono, las grasas, las frutas y verduras y los productos lácteos. Identifica los alimentos que cubren estas necesidades y son asequibles, como las legumbres, los cereales integrales, las frutas y verduras de temporada y las fuentes baratas de proteínas, como los huevos o el pollo.

1.2 Elaborar un presupuesto alimentario realista

Para ahorrar dinero, es esencial definir un presupuesto alimentario realista. Analiza tus ingresos y gastos mensuales para saber cuánto puedes permitirte gastar en comida. Márcate unos límites e intenta ceñirte a este presupuesto cuando vayas a comprar. Céntrate en los productos básicos y evita las compras impulsivas. Planifica tus comidas con antelación y haz una lista de la compra que te ayude a ceñirte a tu presupuesto.

1.3 Comparar precios y marcas

Una de las claves para ahorrar dinero en alimentación es comparar precios. No compre productos al azar, tómese su tiempo para comparar precios en distintas tiendas y esté atento a promociones y ofertas especiales. A veces los productos de marca son más caros que los genéricos, así que no dude en optar por alternativas más baratas. La calidad de los productos genéricos suele ser similar a la de las marcas populares, pero a un precio inferior.

1.4 Evitar el desperdicio de alimentos

El desperdicio de alimentos no es sólo una pérdida de dinero, sino también un grave problema medioambiental. Para ahorrar dinero, asegúrate de utilizar los alimentos de forma inteligente. Planifica tus comidas en función de los alimentos que ya tienes en la nevera y la despensa. Aprovecha las sobras para preparar nuevos platos o congélalas para utilizarlas más tarde. Ten en cuenta la vida útil de los alimentos y cómo almacenarlos correctamente para evitar desperdicios innecesarios.

1.5 Cocinar en casa

Preparar las comidas en casa suele ser mucho más barato que comer fuera o pedir comida para llevar. Invierte tiempo en planificar y preparar las comidas. Aprenda a cocinar platos sencillos y económicos con ingredientes básicos. Experimente con especias y hierbas para dar sabor a sus platos sin gastarse una fortuna. Prepare raciones suficientes para varias comidas y así ahorrará tiempo y dinero.

Comprendiendo y aplicando estos principios básicos del ahorro alimentario, podrá reducir sus gastos y mantener al mismo tiempo una dieta sana y equilibrada. En los capítulos siguientes, exploraremos en detalle cada uno de estos aspectos y le proporcionaremos estrategias adicionales para ahorrar aún más en su presupuesto para alimentación. Prepárate para descubrir cómo puedes ahorrar dinero sin comprometer la calidad de tus alimentos.

CAPÍTULO 2: PLANIFICAR LAS COMPRAS Y CREAR LISTAS

Planificar sus compras y crear listas de la compra son pasos esenciales para optimizar su presupuesto alimentario y evitar gastos innecesarios. En este capítulo, le guiaremos a través de las mejores prácticas para planificar sus compras de forma eficaz y crear listas de la compra estratégicas.

2.1 Evalúe sus necesidades

Antes de ir al supermercado, tómese su tiempo para evaluar sus necesidades alimentarias para el periodo que se avecina. Revise su frigorífico, su despensa y sus reservas, y anote los artículos que necesita reponer. Tenga en cuenta las comidas que piensa preparar y los ingredientes que necesitará. Así evitarás las compras impulsivas y comprarás sólo lo que realmente necesitas.

2.2 Planifique sus comidas

La planificación de las comidas es una parte fundamental de la gestión de tu presupuesto alimentario. Siéntate y elabora un plan de comidas semanal o mensual. Elige recetas que utilicen ingredientes similares para aprovechar al máximo su uso y reducir el desperdicio de alimentos. Planifica también comidas sencillas y rápidas para los días en que no tengas mucho tiempo para cocinar. Una vez planificadas las comidas, anota los ingredientes necesarios para cada receta.

2.3 Crear una lista de la compra

Elaborar una lista de la compra es un paso fundamental para evitar las compras impulsivas y centrarse en lo que realmente se necesita. Utilice su plan de comidas y su evaluación de necesidades para elaborar una lista exhaustiva de los artículos que necesita comprar. Clasifique los artículos por categorías, como productos lácteos, verduras, cereales, etc., para que le resulte más fácil orientarse en el supermercado. Asegúrate de incluir también artículos no alimentarios, como productos de limpieza o artículos de aseo, para evitar idas y venidas innecesarias.

2.4 Manténgase fiel a su lista

Una vez elaborada la lista de la compra, es fundamental ceñirse a ella al máximo. Siguiendo su lista, evitará comprar productos innecesarios o impulsivos. Sé disciplinado y resiste las tentaciones de las promociones o de los productos de los primeros estantes que no están en tu lista. Si encuentra una oferta interesante en un artículo que utiliza habitualmente, puede considerarla, pero tenga cuidado de no desviarse mucho de su lista inicial.

2.5 Explorar alternativas económicas

Cuando elabore su lista de la compra, tenga en cuenta las alternativas económicas para determinados productos. Por ejemplo, en lugar de comprar frutas y verduras fuera de temporada, que pueden ser más caras, opte por las de temporada, que suelen ser más baratas y frescas. Experimente también con marcas genéricas, que a menudo ofrecen productos de calidad a menor precio. Esté abierto a probar nuevas marcas o productos, puede que le sorprendan gratamente sus sabores y su ahorro.

Planificar tus compras y crear listas de la compra son herramientas poderosas para optimizar tu presupuesto alimentario. Evaluando sus necesidades, planificando sus comidas, creando listas detalladas y ciñéndose a ellas, podrá controlar mejor sus gastos y evitar las compras impulsivas. En el próximo capítulo, veremos consejos para ahorrar dinero en el supermercado y maximizar el valor de tus compras.

CAPÍTULO 3: CONSEJOS PARA AHORRAR EN EL SUPERMERCADO

El supermercado es el lugar donde la mayoría de nosotros hacemos la compra. También es un lugar donde abundan las tentaciones, y es fácil dejarse llevar y gastar más de lo previsto. En este capítulo, compartiremos con usted algunos consejos prácticos para ahorrar dinero en el supermercado y optimizar su presupuesto para alimentación.

3.1 Haz una lista y cíñete a ella

Ya hablamos de la importancia de hacer la lista de la compra en el capítulo anterior, pero no está de más repetirlo. Hacer una lista detallada antes de ir al supermercado le permite concentrarse en los artículos que realmente necesita. Cíñase a ella en la medida de lo posible y evite las compras impulsivas. Una lista también le ayuda a ahorrar tiempo, ya que le orienta hacia las estanterías donde se encuentran los artículos que necesita.

3.2 Evite comprar cuando tenga hambre

Una regla de oro para ahorrar dinero en el supermercado es evitar comprar cuando se tiene hambre. Cuando tienes el estómago vacío, es más probable que compres alimentos por impulso, a menudo aperitivos y productos muy procesados. Haz la compra después de comer o lleva un tentempié ligero para evitar los antojos y las compras innecesarias.

3.3 Comparar precios y buscar promociones

Tómese su tiempo para comparar los precios de productos similares de distintas marcas y tamaños de envase. A veces, un producto de marca puede ser más caro que su equivalente genérico sin ofrecer ninguna diferencia real de calidad. Busque también promociones y ofertas especiales, como compras al por mayor o descuentos en productos al final de su vida útil. Sin embargo, tenga cuidado con las promociones de productos perecederos, ya que puede caer en la tentación de comprar más de lo que necesita y luego desperdiciarlo.

3.4 Favorecer los productos a granel

Comprar a granel puede ser una excelente forma de ahorrar dinero en algunos productos básicos como cereales, pasta, legumbres o frutos secos. Los supermercados suelen tener secciones dedicadas a los productos a granel en las que puede elegir la cantidad que desee. Así no sólo ahorrará dinero, sino que reducirá los envases y los residuos.

3.5 Atención a las fechas de caducidad y a la calidad de los productos

Cuando vaya a comprar, tómese su tiempo para comprobar las fechas de consumo preferente de los productos que adquiera, especialmente los frescos. Elija productos con fechas de caducidad más largas para evitar pérdidas y desperdicios. En cuanto a las frutas y verduras, elige las que estén frescas, maduras y sin defectos evidentes.

CAPÍTULO 4: A LA CAZA DE GANGAS: CUPONES, OFERTAS Y PROMOCIONES

Cuando se trata de ahorrar dinero en el supermercado, es fundamental aprovechar los cupones, las ofertas especiales y las promociones. En este capítulo, exploraremos las distintas formas de encontrar gangas y maximizar el ahorro al hacer la compra.

4.1 Cupones de descuento

Los cupones de descuento son una forma popular de ahorrar dinero en sus compras. Se pueden encontrar en periódicos, revistas, sitios web dedicados a los cupones e incluso directamente en los supermercados. Acostúmbrese a coleccionar cupones que se ajusten a sus necesidades y preferencias alimentarias. Manténgalos bien organizados y compruebe regularmente su fecha de caducidad. Cuando haga la compra, utilice los cupones correspondientes para obtener descuentos en los artículos seleccionados.

4.2 Ofertas y promociones en las tiendas

Los supermercados suelen ofrecer ofertas y promociones

especiales en determinados productos. Mantente al día de las ofertas consultando los folletos publicitarios, las páginas web de los supermercados o suscribiéndote a sus boletines informativos. Estas ofertas pueden incluir reducciones de precios, compras al por mayor, ofertas de "compre uno y llévese otro gratis" o tarjetas de fidelidad que ofrecen ventajas adicionales. Planifique sus compras en función de estas ofertas y aproveche para ahorrar en sus artículos favoritos.

4.3 Aplicaciones y sitios web de Cashback

Las aplicaciones y sitios web de reembolso se han hecho cada vez más populares como forma de ahorrar dinero. Funcionan ofreciéndole un porcentaje de descuento en sus compras en determinados comercios asociados. Todo lo que hay que hacer es descargarse la aplicación o registrarse en el sitio web, seleccionar las ofertas disponibles y hacer una foto del recibo de caja después de comprar. El importe del cashback acumulado se puede reembolsar mediante transferencias bancarias, tarjetas regalo u otros medios específicos de cada aplicación o sitio web.

4.4 Programas de fidelización

Muchos supermercados ofrecen programas de fidelización que recompensan a los clientes habituales con ventajas especiales. Estos programas pueden incluir puntos que puede acumular para obtener descuentos o artículos gratis, cupones exclusivos reservados a los miembros del programa o promociones especiales sólo para socios. Inscríbase en los programas de fidelidad de sus supermercados favoritos y utilice su tarjeta de fidelidad en cada compra para maximizar su ahorro.

4.5 Reducciones al final del día

Algunos supermercados ofrecen descuentos en productos frescos al final del día, justo antes de que cierre la tienda. Estos descuentos suelen aplicarse a productos que están próximos a su fecha de caducidad pero que aún son comestibles. Si eres flexible y estás dispuesto a consumir estos productos rápidamente o a congelarlos para un uso posterior, puedes conseguir una buena oferta y ahorrar dinero optando por estos descuentos.

Utilizando estas estrategias de búsqueda de gangas, podrá maximizar sus ahorros y beneficiarse de atractivos descuentos cuando vaya de compras. No olvide organizarse, comprobar regularmente las ofertas disponibles y estar atento a las fechas de caducidad de los cupones y las promociones. En el próximo capítulo hablaremos de las compras al por mayor y de cómo pueden ayudarle a ahorrar considerablemente en determinados productos básicos.

CAPÍTULO 5: COMPRAR A GRANEL: AHORRO Y REDUCCIÓN DE RESIDUOS

Comprar a granel se ha convertido en una tendencia popular para ahorrar dinero al tiempo que se adopta un enfoque más sostenible del consumo. En este capítulo, exploraremos las ventajas de comprar a granel, las mejores prácticas y consejos para ahorrar dinero al tiempo que se reducen los residuos.

5.1 Ventajas de comprar al por mayor

Comprar a granel tiene una serie de ventajas económicas y medioambientales. En primer lugar, puede ahorrar mucho en el coste de los productos. Al comprar a granel, se evitan los costes de envasado individual, los costes de comercialización y los márgenes más elevados de los productos preenvasados. Además, comprar a granel reduce los residuos de envases, lo que contribuye a proteger el medio ambiente. Al optar por envases reutilizables, también puede evitar el uso excesivo de plástico y materiales desechables.

5.2 Qué productos comprar a granel

Muchos productos pueden comprarse a granel, lo que ahorra dinero y reduce los residuos. Entre los productos que suelen comprarse a granel están los cereales, las legumbres, la pasta, el arroz, los frutos secos, las semillas, las especias, el café, el té, los productos de limpieza, los productos de belleza y mucho más. Antes de comprar a granel, identifique los productos que utiliza habitualmente y que están disponibles en esta forma. Asegúrese también de que dispone de recipientes reutilizables adecuados para almacenar estos productos una vez comprados a granel.

5.3 Encontrar tiendas a granel

Encontrar tiendas que vendan productos a granel es esencial para comprar a granel con éxito. Busque tiendas de comestibles a granel, cooperativas alimentarias o tiendas especializadas en su zona. Cada vez son más los supermercados que ofrecen secciones dedicadas a los productos a granel. Investigue en Internet, pida recomendaciones y explore las opciones disponibles cerca de usted.

5.4 Preparación previa a la compra

Antes de ir a una tienda de productos a granel, tómate tu tiempo para prepararte. Haz una lista de los productos que quieres comprar a granel y calcula las cantidades que necesitas. Asegúrate de que tienes recipientes reutilizables limpios listos para ser llenados. Pesa tus envases vacíos para que sea más fácil pesar los productos en la tienda, ya que algunos establecimientos cobran los productos por peso.

5.5 Consejos para seguir ahorrando

He aquí algunos consejos más que le ayudarán a ahorrar aún más al comprar a granel:

- Compare precios: aunque compre al por mayor, los precios pueden variar de una tienda a otra. Tómate tu tiempo para comparar precios y asegurarte de que consigues la mejor oferta.

- Compre en grandes cantidades: Si utiliza habitualmente un producto a granel, considere la posibilidad de comprar una cantidad mayor para beneficiarse de precios reducidos. Eso sí, asegúrate de poder utilizar el producto antes de su fecha de caducidad.

- Busque ofertas especiales: algunas tiendas de productos a granel también ofrecen ofertas especiales en determinados productos. Estate atento a estas promociones para ahorrar aún más.

- Prepara las comidas: comprando determinados productos a granel, puedes planificar las comidas con antelación y preparar mayores cantidades de alimentos. Así ahorrarás dinero y tiempo al preparar las comidas con antelación.

Comprar a granel es una forma económica y sostenible de consumir alimentos. Al reducir los residuos de envases y ahorrar dinero, puede contribuir a un estilo de vida más respetuoso con el medio ambiente y, al mismo tiempo, mantener un presupuesto razonable para alimentos. En el próximo capítulo, veremos el arte de la negociación y cómo puedes aplicarlo para conseguir descuentos extra al hacer la compra.

CAPÍTULO 6: EL ARTE DE NEGOCIAR: REGATEO Y DESCUENTOS

El arte de la negociación puede ser una valiosa habilidad para conseguir ahorros extra al hacer la compra. Ya sea en el mercado local, en una tienda de artesanía o incluso en un supermercado, aprender a negociar puede ayudarle a conseguir grandes descuentos. En este capítulo, exploraremos las distintas técnicas de negociación y cómo aplicarlas con éxito.

6.1 Preparación de las negociaciones

Antes de empezar a negociar, es importante prepararse adecuadamente. Infórmate sobre el producto o servicio que quieres comprar e investiga los precios actuales. Compara las ofertas disponibles en distintas tiendas o de distintos vendedores para hacerte una idea del precio medio. Esto le dará una base sólida para la negociación y le ayudará a calcular hasta dónde puede llegar para conseguir un descuento.

6.2 Dominar el arte de la persuasión

La persuasión es una habilidad clave en la negociación. Aprenda a comunicarse de forma clara y eficaz con el vendedor. Haga hincapié en las ventajas de comprarle, resalte su fidelidad como cliente o destaque los beneficios mutuos de una reducción de precio. Sé educado, respetuoso y entabla una conversación amistosa con el vendedor para establecer una relación de confianza.

6.3 Negociación

El regateo es una técnica de negociación habitual en los mercados locales y en situaciones en las que el precio no es fijo. Cuando regatee, empiece ofreciendo un precio inferior al que pide el vendedor, pero sea realista. Prepárate para justificar tu oferta señalando razones válidas como la calidad del producto, pequeños defectos o la presencia de otras ofertas competidoras. No dudes en expresar tu genuino interés por el producto, pero prepárate para retirarte si no consigues el precio que deseas.

6.4 Buscar ofertas especiales y descuentos ocultos

Cuando negocies, busca ofertas especiales y descuentos ocultos. Algunos vendedores pueden ofrecer descuentos adicionales por pagos al contado, compras al por mayor o clientes habituales. Pregunte si hay ofertas especiales disponibles, aunque no se muestren. A veces los vendedores están dispuestos a transigir para hacer una venta.

6.5 Flexibilidad y búsqueda de soluciones beneficiosas para todos

La negociación es un proceso de intercambio, por lo que es importante ser flexible. Esté abierto a encontrar soluciones que satisfagan tanto sus necesidades como las del vendedor. A veces esto puede significar aceptar un precio ligeramente superior al que querías inicialmente, pero obteniendo beneficios adicionales como productos gratuitos, servicios extra o garantías ampliadas. Busque soluciones beneficiosas para ambas partes.

6.6 Comercio en supermercados

Aunque tradicionalmente los supermercados no son lugares para regatear, existen estrategias para obtener descuentos. Busque etiquetas con precios incorrectos, productos próximos a su fecha de caducidad o dañados. Comunique estos problemas al personal y pida el descuento correspondiente. Algunos supermercados también ofrecen descuentos especiales a los miembros de su programa de fidelidad, así que no deje de aprovecharlos.

La negociación es una habilidad que puede desarrollarse con la práctica y la experiencia. Tenga confianza pero sea respetuoso al negociar, y recuerde que rechazar una oferta no significa necesariamente fracasar. Siga explorando diferentes opciones y oportunidades de negociación. En el próximo capítulo analizaremos los productos de marca frente a los genéricos y cómo elegir con conocimiento de causa para ahorrar dinero sin comprometer la calidad.

CAPÍTULO 7: PRODUCTOS DE MARCA FRENTE A PRODUCTOS GENÉRICOS

Cuando uno va de compras, a menudo se enfrenta a una disyuntiva: comprar productos de marcas conocidas u optar por productos genéricos más baratos. En este capítulo veremos las diferencias entre los productos de marca y los genéricos, y cómo tomar decisiones con conocimiento de causa para ahorrar dinero sin renunciar a la calidad.

7.1 Productos de marca

Los productos de marca son generalmente los que llevan el nombre de una empresa conocida. Suelen gozar de un reconocimiento de marca establecido y pueden considerarse líderes en su campo. Los productos de marca suelen ir acompañados de una promesa de calidad y una garantía de satisfacción. Sin embargo, suelen ser más caros que los productos genéricos, sobre todo por los costes de marketing y publicidad asociados a la creación de la marca.

7.2 Productos genéricos

Los productos genéricos, también conocidos como marcas blancas, son productos fabricados por empresas que no son marcas famosas. Suelen venderse bajo el nombre del minorista o supermercado donde se venden. Los productos genéricos suelen ser más baratos que sus homólogos de marca, ya que tienen menores costes de marketing y publicidad. Sin embargo, esto no significa necesariamente que sean de calidad inferior.

7.3 Comparación de la calidad

Una de las principales preocupaciones a la hora de elegir entre productos de marca y genéricos es la calidad. Es importante tener en cuenta que la calidad de los productos puede variar considerablemente, independientemente de la marca. Así que es mejor no generalizar. En algunos casos, los productos de marca pueden ofrecer una calidad superior debido a su inversión en investigación y desarrollo, pero en otros casos, los productos genéricos pueden ofrecer una calidad similar o incluso superior a un precio inferior. Por eso es fundamental leer atentamente las etiquetas, consultar las opiniones de los consumidores y comparar los ingredientes y las características de los productos.

7.4 Relación calidad-precio

A la hora de decidir entre productos de marca y genéricos, es importante evaluar la relación calidad-precio. Hágase las siguientes preguntas: ¿Está justificado el precio más alto de los productos de marca por su calidad superior o sus características especiales? ¿Ofrecen los productos genéricos una calidad similar a un precio inferior? Considere también sus preferencias y necesidades personales. A veces puede estar justificado gastar un poco más en un producto de marca si realmente cumple sus expectativas y requisitos, pero en otros casos los productos genéricos pueden ofrecer una excelente relación calidad-precio.

7.5 Opiniones y recomendaciones de los consumidores

Las opiniones y recomendaciones de los consumidores pueden ser un recurso valioso a la hora de elegir entre productos de marca y genéricos. Busque reseñas en Internet, comparaciones de productos y foros de debate en los que los consumidores compartan sus experiencias y opiniones. Esto le dará información real sobre la calidad y satisfacción del producto, independientemente de la marca. Tenga en cuenta, no obstante, que las preferencias individuales pueden variar, y lo que funciona para una persona puede no funcionar para otra.

7.6 El compromiso entre calidad y precio

En última instancia, la elección entre productos de marca y genéricos depende de su presupuesto, sus preferencias personales y sus necesidades específicas. No hay una respuesta universal. Puede ser una buena idea hacer pruebas y encontrar un equilibrio entre calidad y precio. A veces puede optar por productos de marca para determinados artículos que son importantes para usted, mientras elige productos genéricos para otros artículos más comunes.

7.7 Experimentación y descubrimiento

No tenga miedo de experimentar y descubrir nuevos productos. Pruebe productos genéricos y compárelos con los productos de marca que está acostumbrado a comprar. Puede que le sorprenda gratamente descubrir que algunos productos genéricos ofrecen una calidad equivalente o incluso mejor a un precio más asequible. Esté abierto a la exploración y no tema salir de su zona de confort.

En conclusión, la elección entre productos de marca y genéricos depende de varios factores, como la calidad requerida, el presupuesto disponible y las preferencias individuales. No hay una respuesta correcta o incorrecta, y es importante elegir con conocimiento de causa en función de sus necesidades específicas. En el próximo capítulo, veremos la importancia de la gestión de existencias y cómo puede ayudarle a evitar el desperdicio de alimentos y ahorrar dinero.

CAPÍTULO 8: EL HUERTO FAMILIAR: CULTIVA TUS PROPIOS ALIMENTOS

Una forma gratificante de ahorrar dinero a la vez que controlas la calidad de tus alimentos es cultivar tu propio huerto en casa. En este capítulo analizaremos las ventajas de cultivar tus propios alimentos, los pasos que hay que dar para empezar un huerto y consejos para cultivar con éxito.

8.1 Ventajas de cultivar sus propios alimentos

Cultivar tu propio huerto tiene muchas ventajas. En primer lugar, tendrás un suministro constante de alimentos frescos y nutritivos. Puedes elegir las variedades que prefieras y cultivar hortalizas, hierbas e incluso frutas que se adapten a tus necesidades y gustos. Además, cultivar tus propios alimentos te da un control total sobre las prácticas de cultivo, lo que te permite favorecer los métodos ecológicos y respetuosos con el medio ambiente. Por último, también puede ser una actividad gratificante, relajante y educativa para toda la familia.

8.2 Pasos para poner en marcha un huerto

Empezar un huerto en casa puede parecer desalentador, pero es posible con un poco de planificación y preparación. Estos son los pasos básicos para empezar:

8.2.1 Elección del emplazamiento: Busque un lugar en su jardín que reciba suficiente luz solar y sea accesible para el riego y el mantenimiento. Si no tienes jardín, también puedes pensar en macetas en un balcón o una terraza.

8.2.2 Preparar la tierra: remover la tierra y eliminar las malas hierbas, las piedras y otros residuos. Añada compost o estiércol bien descompuesto para mejorar la fertilidad del suelo.

8.2.3 Elige tus cultivos: Selecciona las hortalizas y hierbas que quieres cultivar. Tenga en cuenta la temporada, el espacio disponible y sus preferencias alimentarias. Elige variedades que se adapten a tu clima.

8.2.4 Comprar semillas o plántulas : Compre semillas de calidad o plántulas sanas a proveedores acreditados. Siga las instrucciones de siembra y plantación de los paquetes de semillas o pida consejo a su viverista local.

8.2.5 Plantación y cuidado del huerto: Siga las instrucciones de plantación relativas a la profundidad, el espaciado y las necesidades de agua de cada planta. Riegue con regularidad, elimine las malas hierbas y controle las plagas y enfermedades. No olvide proporcionar los cuidados adecuados, como poda y abono, a medida que crezcan sus plantas.

8.3 Consejos para cultivar un huerto con éxito

Para que su jardinería sea un éxito y pueda ahorrar al máximo, aquí tiene algunos consejos útiles :

8.3.1 Elija cultivos adaptados a su clima y a su región. Infórmese sobre los periodos óptimos de plantación y los requisitos específicos de cada cultivo.

8.3.2 Rote los cultivos para evitar el agotamiento del suelo y la propagación de enfermedades. No plantes la misma familia de hortalizas en el mismo sitio todos los años.

8.3.3 Utilice métodos de jardinería ecológica para evitar los productos químicos. Utilice compost, mantillos orgánicos y técnicas de control biológico para proteger sus plantas de plagas y enfermedades.

8.3.4 Coseche las hortalizas en el momento adecuado. Aprende a reconocer los signos de madurez de cada hortaliza para poder cosecharlas en el momento adecuado.

8.3.5 Comparte tus excedentes con tus vecinos, amigos o comunidad. Esto fomenta el intercambio y refuerza los lazos sociales, al tiempo que evita el desperdicio de alimentos.

8.4 Otras opciones para cultivar sus propios alimentos

Si no tienes espacio al aire libre, siempre puedes cultivar tus propios alimentos utilizando métodos alternativos. Los jardines verticales, los jardines elevados, los jardines en contenedores o incluso los jardines de interior con luces de cultivo pueden ser opciones prácticas para espacios reducidos.

Cultivar tu propio huerto en casa es una experiencia gratificante que te permite ahorrar dinero y disfrutar de alimentos frescos y sanos. Requiere tiempo, esfuerzo y un poco de conocimientos, pero la recompensa merece la pena. En el próximo capítulo, veremos consejos para planificar tus comidas y optimizar tus compras en función de tu huerto y de los productos de temporada.

CAPÍTULO 9: COCINA ECONÓMICA: RECETAS SABROSAS A PRECIOS BAJOS

Cuando buscas ahorrar dinero, la cocina puede ser tu mejor aliada. Al preparar comidas caseras, tienes un control total sobre los ingredientes que utilizas y puedes elegir sabiamente para ahorrar dinero y disfrutar al mismo tiempo. En este capítulo, compartiremos contigo algunas recetas sabrosas y económicas que te ayudarán a cocinar de forma económica.

9.1 Hortalizas de bajo precio

Las verduras suelen ser asequibles y constituyen una base excelente para platos económicos. Las hortalizas de raíz, como las patatas, las zanahorias y las cebollas, son versátiles y pueden utilizarse en muchas recetas. Las verduras de hoja verde, como las espinacas, la col rizada y las acelgas, también son asequibles y ricas en nutrientes. Experimente con distintas verduras y descubra nuevas formas de prepararlas para obtener platos económicos y deliciosos.

9.2 Proteínas baratas

Las proteínas suelen ser una de las partidas más elevadas del presupuesto alimentario. Sin embargo, existen opciones económicas para obtener proteínas de calidad. Las legumbres como las lentejas, los garbanzos y las alubias son una excelente fuente de proteínas vegetales de bajo coste. Los huevos también son una proteína barata y versátil que puede utilizarse en muchos platos. Los cortes de carne más baratos, como el pollo, el pavo o el cerdo, también pueden prepararse de forma sabrosa sin gastarse una fortuna.

9.3 Cereales y pasta

Los cereales y la pasta son alimentos básicos asequibles que pueden servir de base para muchos platos. El arroz, la pasta, la quinoa y la cebada son ejemplos de cereales económicos que pueden utilizarse en una gran variedad de recetas. También son muy versátiles, lo que significa que puedes combinarlos con distintas verduras, proteínas y salsas para crear platos sabrosos sin salirte del presupuesto.

9.4 Sopas y estofados

Las sopas y los guisos son opciones económicas para alimentar a toda la familia. Permiten utilizar ingredientes baratos, como verduras, legumbres y cortes de carne más baratos. Las sopas pueden hacerse en grandes cantidades y congelarse para su uso posterior, lo que ahorra tiempo y dinero.

9.5 Sobras y comidas reinventadas

No subestimes el potencial de las sobras para crear comidas nuevas y económicas. Las sobras de verduras, carne o cereales pueden reutilizarse para hacer ensaladas, tortillas, wraps o salteados. También puedes reinventar las sobras convirtiéndolas en albóndigas, croquetas o gratinados. Sé creativo y usa tu imaginación para dar nueva vida a tus sobras.

9.6 Consejos para ahorrar en la cocina

Además de elegir los ingredientes adecuados, hay otras formas de ahorrar dinero en la cocina:

9.6.1 Planifique sus comidas: elabore un plan de comidas semanal y haga la lista de la compra basándose en él. Así evitarás comprar ingredientes innecesarios y reducirás el desperdicio de alimentos.

9.6.2 Comprar a granel: Compre productos secos como cereales, legumbres y especias a granel. Así ahorrará dinero y podrá comprar sólo la cantidad que necesite.

9.6.3 Utilice cupones y aproveche las promociones: Esté atento a los cupones de descuento y a las promociones especiales en tiendas o en Internet. Así podrás ahorrar dinero en determinados ingredientes o productos.

9.6.4 Cocine en grandes cantidades: Prepare platos en grandes cantidades y congele porciones individuales para futuras comidas. Así reducirá costes y ahorrará tiempo.

9.6.5 Experimente con especias y hierbas: Las especias y las hierbas pueden dar mucho sabor a un plato sin gastar mucho dinero. Experimenta con distintas combinaciones para añadir variedad a tus comidas.

Cocinar de forma económica no significa renunciar al sabor ni a la calidad. Con la elección correcta de los ingredientes y algunos consejos para ahorrar, puedes preparar platos sabrosos sin salirte del presupuesto. En el próximo capítulo veremos cómo reducir el desperdicio de alimentos y cómo aprovechar las sobras para ahorrar aún más.

CAPÍTULO 10: GESTIÓN DE LAS SOBRAS Y RECICLAJE DE ALIMENTOS

La gestión de las sobras de comida es un aspecto esencial de la cocina económica y sostenible. Al reducir el desperdicio de alimentos y reciclar las sobras, puede ahorrar dinero y, al mismo tiempo, ser respetuoso con el medio ambiente. En este capítulo, exploraremos estrategias y consejos para gestionar eficazmente las sobras de comida y reciclarlas de forma creativa.

10.1 Entender el desperdicio de alimentos

Es importante ser consciente de la magnitud del desperdicio de alimentos y de su impacto. Cada año se tira a la basura una enorme cantidad de alimentos, lo que contribuye tanto a las pérdidas económicas como a los problemas medioambientales. Comprender la importancia de reducir el desperdicio de alimentos es el primer paso para gestionar las sobras de forma más eficaz.

10.2 Planificación de comidas y raciones

Planificar las comidas es una estrategia clave para reducir el desperdicio de alimentos. Elaborando un menú semanal y calculando las raciones que necesita, puede evitar comprar y preparar más de lo que realmente necesita. Así se reduce el riesgo de excedentes y sobras sin utilizar.

10.3 Reutilizar las sobras para nuevas comidas

Una forma creativa de gestionar las sobras de comida es reutilizarlas para crear nuevas comidas. La carne sobrante puede convertirse en sándwiches, ensaladas, guisos o pizzas. Las verduras pueden utilizarse en sopas, salteados o quiches. Sea creativo y busque recetas que le permitan aprovechar eficazmente las sobras y crear comidas deliciosas con lo que ya tiene.

10.4 Congelar las sobras para un uso posterior

La congelación es una forma estupenda de conservar las sobras para su uso posterior. Invierte en recipientes o bolsas de congelación herméticas para guardar las sobras en porciones individuales. Etiquete y feche los recipientes para identificarlos fácilmente. Así podrá disfrutar de las sobras más tarde, cuando no tenga tiempo o ganas de cocinar.

10.5 Compostaje de residuos alimentarios

Si tienes un jardín o un espacio al aire libre, el compostaje es una forma estupenda de reciclar los restos de comida. Los restos de fruta, verdura y cereales pueden compostarse para producir un abono natural y nutritivo para sus plantas. Infórmese sobre los métodos de compostaje más adecuados para su entorno y empiece a reducir el volumen de residuos alimentarios que envía a la basura.

10.6 Compartir las sobras con los demás

Si le sobra comida, considere la posibilidad de compartirla con amigos, vecinos o miembros de su comunidad. Puedes organizar comidas compartidas, intercambios de comida preparada o donaciones a organizaciones benéficas locales. Esto no sólo ayuda a reducir los residuos, sino que también crea vínculos y demuestra generosidad hacia los demás.

10.7 Demostrar creatividad y amplitud de miras

Para gestionar eficazmente las sobras de comida, es importante ser creativo y abierto de mente. No te limites a las recetas tradicionales, sino explora nuevas formas de utilizar las sobras. Las verduras sobrantes pueden convertirse en sopas, albóndigas o purés. Con las sobras de pan se pueden hacer picatostes, torrijas o migas crujientes. Deje volar su imaginación y experimente con nuevos sabores y texturas.

Gestionar las sobras de comida es un paso importante hacia una cocina económica y sostenible. Al reducir los residuos y reciclar las sobras, ahorrará dinero, conservará los recursos naturales y ayudará a preservar el medio ambiente. En el próximo capítulo, veremos la importancia de hacer la compra de forma inteligente y cómo elegir con conocimiento de causa para ahorrar dinero.

CAPÍTULO 11: MERCADOS LOCALES Y PRODUCTORES INDEPENDIENTES

Los mercados locales y los productores independientes son recursos valiosos para ahorrar y apoyar la economía local. En este capítulo, destacaremos las ventajas de comprar en mercados locales, compartiremos consejos para aprovechar al máximo la experiencia y subrayaremos la importancia de apoyar a los productores independientes.

11.1 Las ventajas de los mercados locales

Los mercados locales ofrecen muchas ventajas tanto a los consumidores como a los productores. He aquí algunos de los principales beneficios:

11.1.1 Productos frescos de temporada: Los mercados locales suelen ser la mejor fuente de productos frescos de temporada. La fruta, la verdura, la carne, los productos lácteos y otros alimentos que se venden en los mercados suelen proceder de productores locales, lo que significa que han recorrido una distancia más corta y son más frescos que los productos de las grandes cadenas de distribución.

11.1.2 Calidad superior: Los productores locales suelen estar muy comprometidos con la calidad de sus productos. Hacen todo lo posible por ofrecer alimentos de primera calidad, a menudo producidos con métodos tradicionales o ecológicos. Al comprarles directamente, se garantiza la calidad de los productos.

11.1.3 Apoyo a la economía local: los mercados locales son un importante motor económico para las comunidades locales. Al comprar a productores locales, apoyas directamente la economía de tu región, contribuyendo a mantener los puestos de trabajo locales y a fortalecer el tejido social de tu comunidad.

11.1.4 Descubra sabores únicos: los mercados locales suelen ofrecer una variedad de productos únicos y especializados que no encontrará en los supermercados. Es una oportunidad para descubrir nuevos sabores, degustar productos artesanales y apoyar la diversidad culinaria de su región.

11.2 Consejos para aprovechar los mercados locales

Para aprovechar al máximo su experiencia de compra en los mercados locales, he aquí algunos consejos útiles:

11.2.1 Planifique sus visitas: Averigüe los días y horarios de apertura de los mercados locales de su zona y planifique sus visitas en consecuencia. Algunos mercados tienen días específicos para productos frescos, artesanales o eventos especiales.

11.2.2 Haga una lista: antes de ir al mercado, haga una lista de los productos que quiere comprar. Esto le ayudará a mantener la concentración y a evitar las compras impulsivas.

11.2.3 Sea flexible: Los mercados locales ofrecen una mayor variedad de productos, pero también pueden variar según la temporada y la disponibilidad. Prepárese para ser flexible en sus elecciones y descubrir nuevas opciones en función de lo que haya disponible.

11.2.4 Hable con los productores: No dude en entablar conversación con los productores. A menudo les apasiona su trabajo y estarán encantados de responder a sus preguntas, darle consejos de preparación o incluso compartir recetas.

11.3 Apoyo a los productores independientes

Además de los mercados locales, es importante apoyar a los productores independientes de su región. Estos pequeños productores se enfrentan a menudo a dificultades económicas y a una mayor competencia de las grandes cadenas de distribución. Al elegir comprarles directamente, les ayudas a seguir cultivando sus tierras, produciendo alimentos de calidad y manteniendo la diversidad agrícola.

11.4 Iniciativas comunitarias y cestas de productos locales

Muchas comunidades ofrecen iniciativas como cestas de productos locales o cooperativas de compra. Estas iniciativas permiten comprar productos directamente a los productores locales y recibirlos periódicamente en la puerta de casa. Es una forma estupenda de apoyar a los productores independientes y disfrutar de una gran variedad de productos locales a un precio asequible.

En conclusión, los mercados locales y los productores independientes ofrecen multitud de ventajas tanto a los consumidores como a las comunidades locales. Al comprar localmente, se tiene acceso a productos frescos y de calidad, al tiempo que se apoya a la economía local. En el próximo capítulo, veremos la importancia de evitar el desperdicio de alimentos en el punto de compra y cómo elegir con conocimiento de causa para reducirlo.

CAPÍTULO 12: REDUCIR EL DESPERDICIO DE ALIMENTOS: TÉCNICAS Y CONSEJOS

El desperdicio de alimentos es un problema importante en la sociedad moderna. No sólo repercute en nuestros bolsillos, sino que también contribuye a problemas medioambientales como el consumo excesivo de recursos naturales y la producción de residuos. En este capítulo, compartiremos técnicas y consejos que le ayudarán a reducir el desperdicio de alimentos en su vida cotidiana.

12.1 Planificación de comidas y compras

Una planificación adecuada de las comidas y las compras es esencial para reducir el desperdicio de alimentos. Antes de ir a comprar, tómese su tiempo para planificar las comidas de la semana. Haz una lista de los ingredientes que vas a necesitar y ten en cuenta los productos que ya tienes en casa. Así evitarás comprar comida en exceso y acabar desperdiciándola.

12.2 Conservar y almacenar correctamente los alimentos

Almacenar bien los alimentos es crucial para evitar que se desperdicien. Asegúrese de conocer las prácticas de almacenamiento correctas para cada tipo de alimento. Las verduras y la fruta deben guardarse en el frigorífico o a temperatura ambiente, mientras que los productos lácteos y la carne deben conservarse en el frigorífico a temperaturas adecuadas. Utilice también recipientes herméticos para guardar las sobras y los alimentos abiertos.

12.3 Reutilizar las sobras

Los restos de comida pueden reutilizarse a menudo para crear nuevos platos deliciosos. Sea creativo y utilice las sobras de verduras, carnes o cereales para hacer sopas, guisos, tortillas, ensaladas o wraps. Reinventa las sobras dándoles una nueva vida, en lugar de dejar que se pierdan en la nevera.

12.4 Comprender las fechas de caducidad

Es importante conocer las fechas de caducidad que figuran en los envases de los alimentos. Las fechas de caducidad pueden ser "consumir preferentemente antes de" o "consumir preferentemente antes de". Aprenda a distinguirlas y a interpretarlas correctamente. Los alimentos con fecha de caducidad próxima pueden consumirse sin peligro, siempre que se conserven y manipulen correctamente.

12.5 Evitar las compras impulsivas

Las compras impulsivas son una de las principales causas del desperdicio de alimentos. Antes de sucumbir a compras de alimentos no planificadas, piense en lo que realmente necesita y cómo lo va a utilizar. A menudo, estas compras impulsivas acaban en el fondo de la nevera, sin comer y, finalmente, tiradas a la basura.

12.6 Utilización de peladuras y restos de comida

Las peladuras de verduras y los restos de comida pueden tener un uso creativo. Las peladuras de verduras pueden utilizarse para hacer caldo casero o compostarse para alimentar las plantas. La carne sobrante puede utilizarse para hacer un sabroso caldo o caldo de huesos. Experimente con estas partes de los alimentos que a menudo se pasan por alto y descubra nuevos sabores.

12.7 Donación o reparto de excedentes

Si te sobra comida, considera la posibilidad de donarla a amigos, familiares, vecinos u organizaciones benéficas locales. A menudo hay personas necesitadas que agradecerán tu gesto. Algunas comunidades también tienen iniciativas para compartir alimentos, donde puedes donarlos o intercambiarlos con otras personas.

12.8 Gestión cuantitativa de las comidas fuera de casa

Cuando se come fuera, es habitual acabar con una cantidad excesiva de comida. Si es posible, comparte la comida con otra persona o pide que te lleven las sobras para comerlas más tarde. Es mejor no desperdiciar comida simplemente porque las raciones servidas son demasiado grandes.

12.9 Sensibilización y educación

Concienciar sobre el problema del desperdicio de alimentos y compartir consejos y trucos para reducirlo. Educar a los niños sobre la importancia de no desperdiciar alimentos y de respetarlos. Juntos podemos marcar la diferencia reduciendo colectivamente el desperdicio de alimentos.

Al reducir el desperdicio de alimentos, está ahorrando dinero, ayudando a preservar el medio ambiente y demostrando responsabilidad social. Adopta estas técnicas y consejos en tu vida diaria y conviértete en un consumidor consciente y responsable. En el próximo capítulo, veremos estrategias para ahorrar dinero en la compra de alimentos manteniendo una dieta sana y equilibrada.

CAPÍTULO 13: COMIDAS FUERA DE CASA: AHORRAR SIN PRIVARSE DE NADA

Comer fuera de casa es un placer del que muchos disfrutamos, pero puede resultar caro rápidamente. Sin embargo, eso no significa que tenga que privarse de estas experiencias culinarias. En este capítulo, compartiremos consejos y estrategias para ahorrar dinero mientras disfrutas de las comidas fuera de casa.

13.1 Búsqueda de ofertas y promociones

Antes de elegir un restaurante, tómese su tiempo para investigar las ofertas y promociones disponibles. Muchos establecimientos ofrecen menús especiales, happy hours o descuentos determinados días de la semana. Consulta páginas web de restaurantes, aplicaciones de restaurantes o páginas de cupones para encontrar las mejores ofertas cerca de ti.

13,2 Optar por el almuerzo o el brunch

El almuerzo suele ser más barato que la cena. Si su horario se lo permite, opte por el almuerzo o el brunch en lugar de la cena para ahorrar dinero. Muchos restaurantes también ofrecen menús especiales o fórmulas asequibles para almorzar que te permiten disfrutar de deliciosos platos a un precio reducido.

13.3 Compartir los platos

Las raciones de los restaurantes suelen ser generosas. Si no tiene mucho apetito, considere la posibilidad de compartir un plato con otra persona. Así no sólo ahorrará dinero, sino que podrá probar una mayor variedad de platos. Asegúrese antes de comprobar si el restaurante permite compartir.

13,4 Optar por platos vegetarianos o a base de plantas

Los platos vegetarianos y a base de plantas suelen ser más baratos que los de carne. Optar por opciones vegetarianas puede ayudarte a ahorrar dinero al tiempo que haces elecciones más saludables. Además, muchos restaurantes ofrecen ahora platos vegetarianos creativos y deliciosos que harán las delicias de tu paladar.

13.5 Explorar cocinas étnicas

Los restaurantes de cocina étnica suelen ser más baratos que los de lujo. Explore las opciones de restaurantes asiáticos, mexicanos, indios o mediterráneos de su zona para descubrir sabores diferentes a precios asequibles. Estos restaurantes pueden ofrecer platos deliciosos y generosos a precios más bajos que los restaurantes tradicionales.

13,6 Evitar las bebidas alcohólicas o caras

Las bebidas alcohólicas y especiales pueden encarecer rápidamente el precio de la comida. Si quiere ahorrar dinero, opte por el agua, los refrescos o las bebidas gratuitas como el té o el café que ofrecen algunos restaurantes. Puedes seguir disfrutando de una bebida especial de vez en cuando, pero limítalas para ahorrar dinero.

13.7 Tenga en cuenta los extras y suplementos

Los extras y suplementos pueden encarecer rápidamente el precio de la comida. Tenga cuidado con los recargos por salsas, guarniciones o acompañamientos. Valora si estos extras merecen realmente la pena o si puedes prescindir de ellos.

13.8 Llevarse las sobras

Si no consigues terminar tu comida en un restaurante, no dudes en pedir que te lleven las sobras a casa. Así podrá disfrutar de una segunda comida en casa y rentabilizar al máximo el dinero gastado.

13.9 Descubra los food trucks y los mercados de comida

Los food trucks y los mercados de comida son opciones asequibles para disfrutar de sabrosas comidas al aire libre. Los camiones de comida suelen ofrecer platos deliciosos a precios competitivos, mientras que los mercados de comida permiten degustar una gran variedad de platos de diferentes puestos. Explore estas alternativas para disfrutar de una experiencia gastronómica asequible.

13.10 Mostrar moderación

La clave para ahorrar dinero mientras disfrutas de las comidas fuera de casa es la moderación. No es necesario comer fuera todos los días. Reserva esas ocasiones especiales o esos momentos en los que realmente quieres darte un capricho. Si actúa con moderación, podrá ahorrar dinero y disfrutar más de esos momentos culinarios.

Siguiendo estos consejos, podrá disfrutar de las comidas fuera de casa sin gastarse una fortuna. No olvide que comer fuera es ante todo una experiencia social y de degustación, así que aproveche cada bocado y convierta estos momentos en auténticos placeres. En el próximo capítulo, veremos la importancia de preparar las comidas en casa y cómo esto puede ayudarle a ahorrar dinero y a mantener una dieta equilibrada.

CAPÍTULO 14: CONSERVACIÓN DE ALIMENTOS: ALMACENAMIENTO Y CONGELACIÓN

La conservación de los alimentos es esencial para evitar su desperdicio y prolongar la vida de sus productos. Los métodos de almacenamiento y congelación adecuados pueden ayudarle a ahorrar dinero manteniendo los alimentos frescos durante más tiempo. En este capítulo, compartiremos consejos y técnicas para una conservación eficaz de los alimentos.

14.1 Conservar los alimentos en el frigorífico

El frigorífico es un elemento clave para la conservación de los alimentos. Estas son algunas pautas para una conservación óptima en el frigorífico:

- Asegúrese de que su frigorífico funciona a la temperatura adecuada, normalmente entre 1 °C y 4 °C.

- Guarde los alimentos perecederos, como la carne, los productos lácteos y los platos precocinados, en la parte más fría del frigorífico.

- Envuelva los alimentos adecuadamente para evitar la contaminación cruzada. Utilice recipientes herméticos, bolsas de congelación o papel de aluminio para envolver los alimentos.

- Respete las fechas de caducidad indicadas en los envases de los alimentos y utilice los alimentos abiertos dentro del plazo recomendado.

14.2 Conservación de alimentos secos

Los alimentos secos, como cereales, pasta, legumbres y especias, también deben almacenarse adecuadamente para mantener su frescura y evitar las plagas de insectos. He aquí algunos consejos:

- Guarde los alimentos secos en recipientes herméticos, como tarros de cristal o envases de plástico, para protegerlos de la humedad y los insectos.

- Almacenar los envases en un lugar fresco y seco, protegido de la luz solar directa.

- Etiquete los envases con la fecha de compra y la fecha de caducidad para ayudarle a gestionar el inventario y utilizar los alimentos dentro del plazo recomendado.

14.3 Congelar alimentos

La congelación es un método popular y eficaz para conservar los alimentos durante mucho tiempo. Aquí tienes algunos consejos sobre cómo congelar alimentos correctamente:

- Utiliza bolsas de congelación herméticas o recipientes aptos para la congelación para envasar los alimentos.

- Elimine el exceso de aire de las bolsas de congelación para evitar que se quemen.

- Etiquete el envase con el nombre del alimento y la fecha de congelación para facilitar su identificación.

- Congele los alimentos rápidamente después de prepararlos o comprarlos para conservar su frescura.

- Siga los tiempos de conservación recomendados para cada tipo de alimento.

14.4 Alimentos aptos para la congelación

Algunos alimentos se congelan mejor que otros. He aquí algunos ejemplos de alimentos adecuados para congelar:

- Se pueden preparar frutas y verduras frescas

y congelados para su uso posterior en batidos, salsas o postres.

- La carne, el pescado y las aves pueden congelarse crudos o cocidos. Asegúrese de retirar el exceso de grasa o piel antes de congelar.

- Las sopas, salsas y platos precocinados pueden porcionarse y congelarse para preparar comidas rápidas y cómodas.

- El pan, la bollería y las sobras también pueden congelarse para su uso posterior.

14.5 Descongelar alimentos

Los alimentos deben descongelarse de forma segura para evitar la proliferación de bacterias. Estos son algunos métodos recomendados para descongelar alimentos:

- El método más seguro es descongelar los alimentos en el frigorífico. Esto permite una descongelación lenta y controlada.

- Para una descongelación más rápida, puedes utilizar el modo de descongelacion del microondas. Asegúrate de seguir las instrucciones del fabricante para evitar una cocción excesiva.

- Evite descongelar los alimentos a temperatura ambiente, ya que esto favorece la multiplicación de las bacterias.

14.6 Restos y su conservación

Las sobras pueden almacenarse de forma segura para su consumo posterior. Aquí tienes algunos consejos para guardar las sobras:

- Enfríe rápidamente las sobras colocándolas en recipientes herméticos en el frigorífico.

- Utilice las sobras en los dos días siguientes a su preparación inicial.

- Recaliente las sobras a una temperatura adecuada para garantizar una cocción uniforme y evitar el riesgo de contaminación.

Siguiendo estos consejos, puede maximizar la vida útil de sus alimentos y evitar que se desperdicien. La conservación de alimentos es una valiosa habilidad que puede ayudarle a ahorrar dinero y a disfrutar de comidas frescas y deliciosas. En el próximo capítulo, veremos la importancia de gestionar tu presupuesto alimentario y cómo tomar decisiones informadas para gastar menos manteniendo una dieta equilibrada.

CAPÍTULO 15: COMPRAS EN LÍNEA: VENTAJAS Y PRECAUCIONES

Las compras por Internet son cada vez más populares y ofrecen una alternativa cómoda a las compras tradicionales en las tiendas. En este capítulo analizaremos las ventajas de comprar por Internet y las precauciones que hay que tomar para que la experiencia sea satisfactoria.

15.1 Ventajas de la compra en línea

Las compras en línea ofrecen muchas ventajas, entre ellas :

15.1.1 Comodidad y practicidad: comprar por Internet le ahorra desplazamientos a la tienda y colas. Puedes comprar desde casa, a cualquier hora que te venga bien, ahorrando tiempo y energía.

15.1.2 Amplia selección de productos: Los supermercados en línea ofrecen una amplia selección de productos, a menudo mayor que la que puede encontrar en tienda. Tienes acceso a una gran

GUÍA PRÁCTICA PARA COMPRAR Y COMER POR MENOS DINERO

variedad de marcas, productos frescos y ecológicos, y puedes comparar fácilmente precios y opciones.

15.1.3 Ahorro de tiempo y dinero: comprar en Internet ahorra un tiempo precioso. No tiene que entrar en una tienda, buscar productos o esperar en la caja. Además, puede evitar las compras impulsivas y controlar mejor su presupuesto viendo el total de sus compras antes de finalizar el pedido.

15.1.4 Entrega a domicilio: muchos servicios de compra en línea ofrecen entrega a domicilio. Esto le ahorra la molestia de cargar con pesadas bolsas y desplazarse. Puede recibir sus compras directamente en la puerta de su casa, lo que resulta especialmente práctico si tiene limitaciones físicas o una agenda apretada.

15.2 Precauciones que deben tomarse

A pesar de sus muchas ventajas, es importante tomar ciertas precauciones al comprar por Internet. He aquí algunos puntos a tener en cuenta:

15.2.1 Compruebe la reputación del vendedor: Antes de comprar por Internet, compruebe la reputación del vendedor o del supermercado online. Consulte los comentarios de los clientes, busque opiniones y asegúrese de elegir un proveedor fiable y con buena reputación.

15.2.2 Compruebe la fecha de caducidad de los productos: Cuando reciba su compra, compruebe cuidadosamente las fechas de caducidad de los productos. Asegúrese de recibir productos frescos y de buena calidad. Si un producto está próximo a su fecha de caducidad, ponte en contacto con el servicio de atención al cliente para solicitar su sustitución o reembolso.

15.2.3 Compruebe los gastos de envío: antes de finalizar el pedido, asegúrese de conocer los gastos de envío. Algunos supermercados online ofrecen entrega gratuita a partir de un determinado importe de compra, mientras que otros cobran una tarifa fija o variable. Asegúrese de tener en cuenta estos gastos al comparar precios.

15.2.4 Proteja su información personal: cuando compre en Internet, asegúrese de proteger su información personal y financiera. Utiliza sitios seguros, evita las conexiones públicas no seguras y asegúrate de que el sitio de pago es fiable y está bien protegido.

15.2.5 Compruebe cuidadosamente su pedido: Cuando reciba su compra, compruebe cuidadosamente los artículos entregados. Asegúrese de que todos los productos que pidió están incluidos y de que se encuentran en el estado que esperaba. Si observa algún problema, póngase en contacto con el Servicio de Atención al Cliente para resolver la situación.

15.3 Comprar en Internet de forma responsable

Para que su experiencia de compra en línea sea un éxito, aquí tiene algunos consejos adicionales:

15.3.1 Planifique sus compras: antes de empezar a comprar por Internet, haga una lista de los productos que necesita. Esto te ayudará a evitar las compras impulsivas y a centrarte en lo esencial.

15.3.2 Comparar precios y opciones : Aproveche la facilidad de comparar precios en línea. Navega por diferentes webs o apps de supermercados para encontrar las mejores ofertas y los productos que mejor se adapten a tus necesidades.

15.3.3 Sea flexible: los supermercados en línea pueden a veces quedarse sin existencias o tener productos no disponibles. Prepárese para ser flexible y ajustar su lista de la compra en consecuencia. También puede elegir alternativas o marcas alternativas para los productos que no estén disponibles.

15.3.4 Planifique sus horarios de entrega: Si opta por la entrega a domicilio, planifique sus horarios de entrega en función de su disponibilidad. Elige una hora en la que estarás en casa para recibir tus compras y evitar retrasos o problemas de entrega.

15.3.5 Dé su opinión: Una vez que haya recibido su compra en línea, no dude en dar su opinión sobre el servicio y los productos. Tus comentarios pueden ayudar a otros consumidores a tomar decisiones con conocimiento de causa y también pueden contribuir a mejorar el servicio.

Siguiendo estos consejos y precauciones, podrá disfrutar de todas las ventajas de las compras en línea al tiempo que disfruta de una experiencia segura y satisfactoria. La comodidad y flexibilidad que ofrecen las compras en línea pueden ayudarle a ahorrar tiempo y energía, al tiempo que le permiten gestionar su presupuesto con eficacia.

CONCLUSIÓN

En este libro hemos explorado diversas estrategias y técnicas para comprar y comer por menos dinero. Hemos tratado temas como la planificación de comidas, la creación de listas de la compra eficaces, consejos para ahorrar dinero en el supermercado, la compra a granel, el arte de la negociación, la elección entre productos de marca y genéricos, el cultivo de sus propios alimentos, la cocina económica, la gestión de las sobras y el reciclaje de alimentos, los mercados locales y los productores independientes, la conservación de alimentos, la comida fuera de casa y la compra por Internet.

A lo largo de cada capítulo, hemos destacado la importancia de la planificación, la concienciación y la educación a la hora de gastar dinero en comida. Si adoptas estos consejos prácticos, no solo podrás ahorrar dinero, sino también mejorar tu relación con la comida, reducir el desperdicio de alimentos y adoptar hábitos alimentarios más saludables y sostenibles.

Comprar y comer por menos no significa privarse de alimentos de calidad o comidas sabrosas. Al contrario, significa ser consciente de lo que se elige, tomar decisiones con conocimiento de causa y utilizar estrategias inteligentes para obtener la mejor relación calidad-precio.

Planificar las comidas, hacer listas de la compra y ser creativo con las sobras permite evitar las compras impulsivas, minimizar el desperdicio de alimentos y ahorrar dinero en la factura de la compra. Los consejos para ahorrar dinero en el supermercado, como buscar ofertas, utilizar cupones y comprar a granel, también pueden ayudarte a reducir tus gastos.

También exploramos la importancia de los mercados locales y los productores independientes, que ofrecen productos frescos y de calidad, a menudo a precios competitivos. Apoyar estas iniciativas locales fortalece la economía local, fomenta la sostenibilidad y te permite conectar más con tu comunidad.

La conservación de alimentos y la gestión de las sobras son habilidades valiosas para aprovechar al máximo los alimentos y reducir el desperdicio. Si aprendes a conservar y congelar los alimentos correctamente, podrás alargar su vida útil y utilizarlos eficazmente en tus comidas.

También hemos hablado de comer fuera y comprar por Internet. Aunque estas opciones ofrecen comodidad y flexibilidad, es importante ser exigente y tomar precauciones para garantizar una experiencia satisfactoria.

En conclusión, comprar y comer por menos requiere un enfoque proactivo y consciente. Requiere planificación, organización y creatividad, pero la recompensa merece la pena. Al ahorrar dinero en tus gastos alimentarios, puedes lograr una mayor estabilidad financiera, al tiempo que fomentas una dieta sana y equilibrada.

Espero sinceramente que esta guía práctica le haya proporcionado los conocimientos y las herramientas que necesita para tomar decisiones informadas a la hora de hacer la compra y gestionar mejor su presupuesto alimentario. Recuerde que no existe una solución única para todos, pero adaptando estos consejos a su situación y preferencias personales, podrá crear un enfoque que funcione para usted.

Te animo a que sigas explorando y aprendiendo más sobre cómo ahorrar dinero sin dejar de comer sano y satisfactorio. Con práctica y perseverancia, adquirirás experiencia en el arte de gestionar tu presupuesto alimentario.

Felices compras y buen provecho.

www.ingramcontent.com/pod-product-compliance
Lightning Source LLC
Chambersburg PA
CBHW070852220526
45466CB00005B/1968

* 9 7 9 8 3 9 6 1 5 8 0 8 5 *